はじめに

　三江線を調べてみて強く感じたことがある。それは、この路線は戦前・戦後の国鉄の歴史の縮図のような路線であると云う事である。全線を大きく3つに分けて考えることが出来る。

A．戦前に開通していた石見江津〜浜原間（三江北線）

B．1963（昭和38）年までの戦後早期に開通した三次〜口羽間（三江南線）

C．1975（昭和50）年全線開通した時の浜原〜口羽間（全通時の線）

　Aの区間は他の国鉄線と同じように旅客列車、貨物列車の両方が走り、信号・通信システムを備え、主な駅には職員が常駐して行き違い設備も完備した普通の路線であった。

　ところが、Bの区間になると、沿線の人口が少ないということもあるが、尾関山〜口羽間の11駅のうち、尾関山を除く10駅が終点駅を含めて完全な無人駅で、当初は三次駅を除いて信号システムもなく、ただ1本の列車が28.4kmの路線を往復するだけの、従前の一般の国鉄路線とは全く異質の路線であった。

　Cの区間、つまり1975（昭和50）年の全線開通により線路はつながったものの、開通時の信号システムは従前のままで、江津〜三次間直通の列車は全く無く、浜原、口羽での乗換の不便が残った。全通から2年余経過してようやく全線のCTCシステムが導入され、初めて全線の信号システムが機能するようになり、全線の直通運転が実現している。

　それではまず戦前に開業した江津方の区間から順に、三江線88年の軌跡を振り返ってみることにしよう。

C56形蒸気機関車の牽引で走る三江北線下り変1391列車。この辺りは江の川も河口に近く、川幅が広い。この時、三江北線は水害のため一部区間が不通になっていた。蒸気機関車は全線の復旧を待たず、この年の11月にDD16形に切り換えられている。
　　　　　　　1974.7.31　江津－江津本町　P：服部重敬

1. 三江線前史から三江北線の開通

　山陰の江津と広島県の三次を結ぶ交通手段は、大正末期までは江の川を利用した水運に依っていた。文化年代（1800年ごろ）に船運が栄え、荷物を満載した上り下りの川船で往来は賑わった。川船は一般に軽古船（かんこ）と呼ばれ、荷物運搬の小舟が使用されていたが、1925（大正14）年、上流に熊見発電所の取水堰が建設されたことで、この河川による交通手段は断たれた。

　石見江津～三次間に鉄道建設運動が始ったのは1897（明治30）年といわれ、以来、父、子、孫と、この願いは受け継がれ運動は繰り返されてきた。三江線が具体的に計画されたのは、1920（大正9）年の第43議会で初めて予算が計上されてからである。選挙になると候補者は三江線の全通を約束するものの、内閣が変わるたびに工事は中止され、開通に至ることはないまま時間は経過していた。

　山陰側では、まず石見江津～川戸間が1924（大正13）

◀三江線最初の開通区間である石見江津～川戸間、川戸駅手前の八戸川橋梁の架橋工事。帆掛け船が時代を感じさせる。

　　1930年頃　P：田野　浄

▼昭和5年の開通目前の三江線八戸川橋梁。奥が最初の終点駅であった川戸である。

絵葉書所蔵：長船友則

三江線開通目前の石見江津駅構内。手前左手に分岐する真新しい路盤が三江線である。　　　　　絵葉書所蔵：長船友則

年３月線路の選定を終了し、区間を３工区に分け、第１工区は1926（大正15）年９月石見江津から起工され、1930（昭和５）年４月20日ようやく石見江津～川戸間（13.9km）が開通、初めて「三江線」と名付けられ、中間には「川平」駅が開設された。なお、三江線の最初の区間が開通する直前の1930（昭和５）年４月１日、鉄道省及び省線と連絡運輸を行う地方鉄道・軌道においては、運輸営業にメートル法が実施されている。

　さらに、浜原までの三江線開通の歩みを挙げて見ると次のようになる。

昭和６年の延伸で開通した石見川越駅。奥には限界測定用と思しき無蓋車の姿も見える。　　　　　絵葉書所蔵：長船友則

昭和9年開通当時の因原駅付近。画面奥が石見江津方で、濁川に架かる鉄橋が見えている。　　　　　　　　　　　　絵葉書所蔵：長船友則

　1931（昭和6）年5月20日川戸～石見川越間（8.4km）開通。

　1934（昭和9）年11月8日石見川越～石見川本間（10.3km）開通。中間に「因原」駅が開設。同日から石見江津～石見川本間に気動車の運転が開始された。

　1935（昭和10）年12月2日石見川本～石見簗瀬間（10.1km）開通。中間に「乙原」駅が開設された。

　1937（昭和12）年10月20日石見簗瀬～浜原間（7.4km）開通。中間に「粕淵」駅が開設され、石見江津～浜原間の路線延長は50.1kmとなった。ここまでが戦前の開業区間である。

昭和9年に開業した石見川本駅付近。画面手前が石見江津方。
　　　　　　　　　　　　　　絵葉書所蔵：長船友則

昭和10年開通当時の乙原－石見簗瀬間、41キロポスト付近。画面奥が石見江津方。　　　　　　　絵葉書所蔵：長船友則

戦後になって1949（昭和24）年11月15日、川戸～石見川越間に「田津」、石見川越～因原間に「鹿賀」の各駅が新設された。

さらに1955（昭和30）年3月31日、広島県三次側からの三江南線開通により山陰側の石見江津～浜原間は三江北線と改称された。

三江北線では戦後も駅の新設が相次ぎ、1958（昭和33）年7月14日、石見江津～川平間に「江津本町」「千金」の両駅を、石見川本～乙原間に「竹」駅を新設。1962（昭和37）年1月1日には石見川本～竹間に「木路原」駅を、さらに1967（昭和42）年4月1日には石見築瀬～粕淵間に「明塚」駅と、次々と新駅を開設している。また、1970（昭和45）年6月1日には起点の石見江津駅が「江津」駅に改称された。

ちなみに三江北線には粕淵駅近くに火山である三瓶山がある。伯耆の大山とともに中国地方を代表する山で、周辺は国立公園にも指定されている。主峰（標高1126m）を親三瓶、以下、母三瓶（標高957m）、子三瓶（標高961m）、孫三瓶（標高907m）と4つの峰が火口を取り巻くようにそびえている人気の山で登山者も多い。その麓にはかつて宿泊定員60名の「国鉄三瓶高原山の家」が営業していたが、国鉄民営化ころ撤去され今はない。

▲粕淵駅の北側、三瓶山麓の志学温泉に位置した「国鉄三瓶高原山の家」。
　　1957.8.18　P：長船友則

◀三江北線の起点、石見江津駅。1970年には「石見」が外されて「江津」駅に改称された。
　　1963.8.27　石見江津
　　　　　　　P：荻原二郎

▼C56 150牽引の下り貨物列車が停車する川戸駅。
　　1974.6.16　川戸
　　　　　　　P：石原裕紀

◀石見川本駅に停車する C56牽引の上り貨物列車。
　　　　1974.8.8　石見川本
　　　　　P：松永美砂男

▶石見江津駅で発車を待つ キハ17形。1958年３月当時、浜田機関区には11輌のキハ17形が配置されていた。
　　　　1957.4.21　石見江津
　　　　　P：久保　敏

▼木路原－竹間を一路、浜原に向かう三江北線の下り列車の車窓から。キハ17＋キハ17＋キハ11の３輌編成の後ろにはただ１輌のみのレールバス改造の郵便・荷物車であるキユニ01 1が連結されている。
　　　　1963.8.27　木路原－竹
　　　　　P：荻原二郎

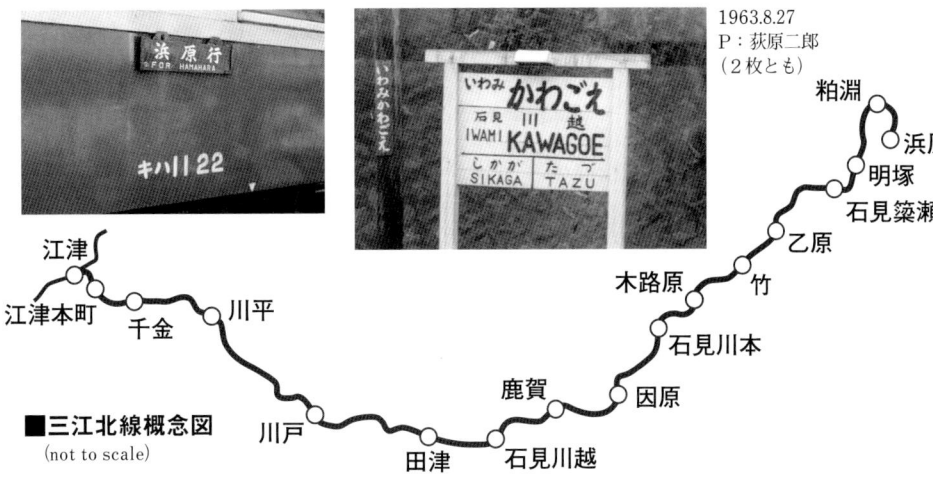

キハ川22

浜原行
Ｓ FOR. HAMAHARA

1963.8.27
Ｐ：荻原二郎
（2枚とも）

いわみかわごえ

いわみ かわごえ
石見 川越
IWAMI KAWAGOE
しかが たづ
SIKAGA TAZU

■三江北線概念図
（not to scale）

江津
江津本町
千金
川平
川戸
田津
石見川越
鹿賀
因原
石見川本
木路原
竹
乙原
石見簗瀬
明塚
粕淵
浜原

1963.8.27　因原　Ｐ：荻原二郎

いんばら
因原
IMBARA
いわみかわもと　しか
かわもと SHIKAGA

2. 幻の大滝線

1922(大正11)年4月11日法律37号で制定された鉄道敷設法は、1892(明治25)年法律第4号の旧鉄道敷設法を廃止すると共に、その第1条で「帝国ニ必要ナル鉄道ヲ完成スル為政府ノ敷設スヘキ予定鉄道線路ハ別表ニ掲クル所ニ依ル」として、その別表九十五で「島根県瀧原付近ヨリ大森ヲ経テ石見大田ニ至ル鉄道」を掲げている。ここで「瀧原付近」というのは現在の三江線浜原駅付近を指す。

このとき廃止された1892(明治25)年制定の法律には、現在の三江線に該当する路線は全く掲げられていなかった。また、浜原〜大森〜石見大田に至る路線が掲げられた1922(大正11)年の鉄道敷設法にも、何故か三江線そのものは全く掲げられていなかった。

この浜原〜大森〜石見大田の計画路線は一般に「大滝線」と呼ばれており、広島市から芸備線〜三江線〜大滝線を経由して山陰本線で松江市と結ぶと、広島〜松江間の所要時間が木次線経由に比して大幅に短縮できるという効果が期待されていた。

三江線浜原〜口羽間新線着工の1年後の1967(昭和42)年、邑智町を母体とし大滝線促進期成同盟会を結成、さらに島根、広島県の沿線市町村に呼びかけて、1969(昭和44)年に大滝線開通期成同盟会が結成された。

1973(昭和48)年には、島根県国鉄大滝線建設促進協議会が発足、離島の隠岐、松江市など大田市以東の30市町村が足並みを揃えて参加、地元選出代議士のバックアップにより東京で建設促進大会を開くなど運動を繰り広げた。

大滝線の予定路となっている国道375号大田〜邑智間の一部は、かつて「銀山街道」として栄えた所であり、国道を邑智町別府から少し脇道にそれると、江戸時代幕府財政をうるおした大森銀山(石見銀山)がある。

大滝線建設を運動していた1975(昭和50)年頃は、大田市駅の前には大きな広告塔が立ち、それには「国鉄大滝線(大田−邑智)を早期に実現しよう」と記されていた。

しかし、三江線は全通したものの、大滝線は実現することはなく幻の路線となり、せっかく全通した三江線も現在に至って全線の廃止が間近に迫っている。

3. 芸備線三次駅の変遷

広島県の芸備線三次駅は、私鉄であった芸備鉄道(株)が1915(大正4)年6月1日に三次まで開通させたときは現在の位置ではなく、今の西三次駅が芸備鉄道の終点駅である三次駅となっていた。現在でも西三次駅は機関車駐泊所や転車台などが存在していたかつての終点駅の名残で、構内の敷地が広いまま残されている。

芸備鉄道は最終的には1923(大正12)年12月8日に備後庄原駅まで開通させた。このときは現在の三次駅の位置にはまだ駅は存在せず、1930(昭和5)年1月1日に初めて「十日市」という小さな駅が誕生している。後に鉄道省が1933(昭和8)年6月1日三次(現・西三次)〜備後庄原間を買収(第一次買収)し庄原線とすると、十日市駅は「備後十日市」と改称された。さらに同年11月15日広島機関庫十日市分庫が開設され、(旧)三次駅に代わって大きな駅へと成長した。

一方、伯備線備中神代駅を起点として芸備鉄道の終点である備後庄原まで鉄道省が三神線として延伸工事を開始した。さらに鉄道省は備後庄原からも東に向けて建設工事を開始。1936(昭和11)年10月10日、両線をつなぐ最後の区間である備後落合〜小奴可間(11.0km)の開通で備後庄原〜備中神代間を全通させた。

さらに、1937(昭和12)年7月1日、芸備鉄道広島〜(旧)三次間が鉄道省に買収(第二次買収)され、備中神代〜広島間(159.1km)全線が鉄道省芸備線として生まれ変わった。

戦後、日本の鉄道は運輸省により運営されていたが、1949(昭和24)年6月1日から「日本国有鉄道」が誕生、その経営が委ねられた。

1954(昭和29)年11月10日、(旧)三次駅は「西三次」駅と改称、同年12月10日には備後十日市駅が「三次」駅と改称され、現在に至っている。

三江線の建設前、路線として「十日市から三次を経て江川に沿い北上(以下略)」と表現されていたが、私の終戦直後頃の記憶では、当時、備後十日市駅(現・三次駅)周辺には民家はほとんど無く、田畑の中を駅から直角で直線の道路があり、左折してから多くの民家があり、巴橋を渡ると本来の三次の街という感じだった記憶がある。巴橋の上から左方を見ると戦前に建設された三江線の鉄橋の橋脚だけが空しく並んで立っているのが見えた。三次の街は巴橋を渡った先が本来の昔からの市街であり、三江南線開業前、現在の尾関山駅を当初は「本三次駅」として計画されていたことがよく分かる。

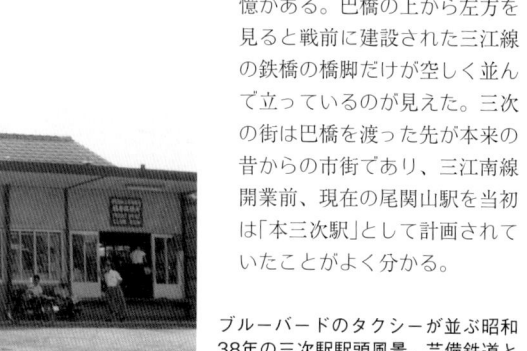

ブルーバードのタクシーが並ぶ昭和38年の三次駅駅頭風景。芸備鉄道としての開業時、この駅は「十日市」駅であった。
1963.8.27 三次 P：荻原二郎

三江南線開業の日。日章旗を掲げたキハ41535＋キハ41632の２輌編成が発車を待つ。　1955.3.31　三次
P：窪田正實

4. 三江南線の建設と式敷開通

　三江線は1897（明治30）年から広島・島根両県の沿線民が猛烈な運動を展開し、前述の通リ1920（大正9）年に議会で初めて予算が計上され建設への第一歩を踏み出した。工事はまず山陰側から始まり、1937（昭和12）年に浜原まで開業している。

　一方、三次側からは少し遅れて1936（昭和11）年に着工したが、戦前着手された基礎工事は広島県高田郡船佐村まで約10km程度の路盤が完成しただけで、日中戦争の影響で1939（昭和14）年に工事は中止となリ、せっかく出来ていた鉄橋資材も大陸方面に転送され、中断されたまま戦後を迎えることとなった。

　戦後、鉄道建設審議会は1952（昭和27）年12月２日、本年度補正予算５億円で建設すべき路線の選定を行った結果、補正予算による着工路線として、三江線も選ばれた。

　1952（昭和27）年度補正予算で三江線が着工路線と

喜びに溢れる三江南線開業祝賀列車の車内。
1955.3.31　P：窪田正實

して選ばれたことから、国鉄広島鉄道局では1953（昭和28）年１月16日、三江線工事打ち合わせ会議を広鉄職員会館で開き、国鉄下関工事事務所工事課長、広鉄局列車課長、営業総務課長ほか関係者が出席して協議が行われた。三江線三次〜式敷間の営業運転開始は明春とし、レールは30kg/m、機関車はC11を使用、旅客列車１往復、混合６往復で、駅は本三次（計画中の駅名で開業時は尾関山となった）、粟屋、式敷の３か所の計画が立てられた（当初計画では船佐はなかった）。また、計画では、１日旅客1,075名、貨物890トンと貨物列車も運転することとされていた。

　工事が再着手されたのは同年４月24日で、工事は式敷までの路盤、落盤被い工事、レールの敷設、ホーム施設が主なもので、同年５月から三次〜式敷間のレール敷設工事が急がれた。駅は尾関山、粟屋、船佐、式敷の４か所が新設とされ、レール敷設、ホームの建設はほぼ完了したものの緊縮予算の影響もあり、駅舎、通信施設など最後の仕上げ工事が残された。

　この新線でもっとも難所とされたのは第１船佐トンネル手前の崖で、落盤しやすい地質のため幾重にも足場が築かれて「落盤覆いコンクリート作業」が行われた。

　工事は１年後の1954（昭和29）年４月にはほぼ完成はしたが、この三次〜式敷間は尾関山駅を除いて駅周辺の人口は少なく、尾関山駅だけ職員配置（１名）のほか、他の３駅は終点駅も含めてすべて無人駅とされ、運転専用電話も設備されなかった。ところが開業となると、国鉄では終点駅まで運転専用電話のない線は開業できない定めがあり、広鉄局ではこれまで例のない運転方式をとることで運輸省から特別の承認を得て、

開業初日、馬洗川橋梁を渡り、式敷に向かう三江南線の列車。対
岸の河原に見える機関車とナベトロにも注意。
　　　　　　　1955.3.31　三次ー尾関山　P：窪田正實

小旗を振る人々に見送られ、キハ41632を先頭に三次駅を発車する初日の式敷行。キハ41500形が三江南線で活躍した期間は約11か月と短かった。
1955.3.31 三次 P：窪田正實

国鉄初の運転専用電話のない路線が実現することとなった。運転方式とは、開業区間に１本の列車が運転されている間は、絶対他の列車は運転できないというものである。

　この新線路が完成すると、入線試験と道床踏み固め

には三次機関区の8620形蒸気機関車が使用された。また、俗に「おいらん列車」と呼ばれる建築限界等を測定する列車が運転された。

　こうして三次～式敷間(14.8km)は、「三江南線」として1955（昭和30）年３月31日から旅客営業が開始さ

三次駅に到着するキハ10023。昭和31年２月から三江南線は小さなレールバスの運用となった。
1956.2.22 三次 P：窪田正實

れた。なお、当初の想定とは異なり、貨物の取り扱いは開始されなかった。

この三江南線で初めて営業運転を行った車輌はキハ41500形（後のキハ06形）41535〔正明市〕・41632〔広島第二〕の気動車２輌で、１日６往復運転された。同年12月26日には同年製の新型レールバスであるキハ10000形10023が三次機関区に到着、続いて10024も入り、翌年２月１日から新線に登場し、キハ41500形と置き換えられた。

このキハ10000形10023・10024は1957（昭和32）年４月の改番でキハ02形と改称されて、キハ02 12・13になった。

三次駅０番線で発車を待つ改番後のキハ02 13（旧キハ10024）。
1959.4.12　三次　P：長船友則

5．三江線建設の危機
鉄道か、江川電源開発か

三江南線の先、式敷～口羽間の延長工事は1956（昭和31）年11月路盤工事に着手し、1957（昭和32）年に江平まで10.93kmの道床工事が行われたが、その最中、三江線の線路が水没するダム計画を伴う「江川電源開発計画」が浮上したことから江平～口羽間（2.9km）の着手は一時見合わせることになった。

当時、中国地方の電力供給を受け持つ中国電力（株）管内の電力需要の伸びは全国平均を上回っていて、特に1951（昭和26）～55年度５年間の電力需要は49％近くも増えていた。当地区の産業界には化学、化繊、紙パルプ等の産業が多く、電力需要の伸率の高い産業はソーダの53％、硫安35％、繊維30％、紙25％、鉄鋼24％、船舶17％であり、小口電力の推定10.4％、電灯の3.2％と比べても増加率の高いことがよく分かる。

このことから通産省、建設省などは電源開発問題に積極的で、これから原子力発電の時代になっても、原子力発電は常時平均した電力しか得られず、ピーク時を切り抜けることが出来るのは、やはり大容量の調整能力を持つ水力発電でないといけない、と強力に主張を展開していた。

これに対して、地域住民は一部に電源開発を認める住民もあったが、多くの住民は鉄道の方が終生住民の利便性の向上と地域の発展に寄与するとして、電源開発に反対する意見が強く見られた。

1953（昭和28）年、電源開発調整審議会で、江川開発は電源開発会社の手に移され、同社では翌年１月、現地に江川調査連絡事務所を設けて、調査の結果を1956（昭和31）年３月に纏めて開発の計画を発表した。その電源開発の内容は以下のようなものであった。

（1）邑智郡都賀村高梨に高さ68mのダムを新設発電：92,100kW
（2）その下流、川本にダムを新設発電：16,500kW
（3）その下流、川越にダムを新設発電：22,300kW
（4）戦前完成していた明塚発電所の出力25,000kWを51,400kWに出力増
合計：182,300kW（内増加分157,300kW）

三江線としての鉄道か、電源開発のためのダム建設か、もめていた議論に結論を出すため、運輸、通産、経済企画庁の合同会議で協議が行われた。その前に国鉄では南北両線を結ぶためにバス案も検討していたが、1959（昭和34）年10月、電源開発側は補償費が多額になるとして引く意志を示したため、結局、鉄道建設が決定され、1960（昭和35）年度予算で２億２千万円の予算が計上され、鉄道建設が続けられることになった。

現在、江の川周辺には中国電力（株）の３か所の水力発電所がある。

（1）戦後、中国電力（株）は比較的に手を付けやすい明塚発電所25,000kW（島根県）を江の川左岸、明塚駅0.2km南の線路脇に建設した。取水は背後の山を掘削して江の川の浜原ダムから行われている。
（2）潮発電所36,000kW（島根県）は、潮駅の0.7km下流右岸の山側にあるが、水系は江の川ではなく、東北の別の水系（神戸川）から送水されている。
（3）唯一戦前に建設された熊見発電所11,200kW（広島県）は、三江線作木口～香淀間右岸の熊見地区にあり、長谷駅から0.5km下流の江の川鳴瀬堰から取水されているが、1995（平成７）年11月に新しく新熊見発電所（23,300kW）が完成、更新されている。

ダムの取りやめが決まった後、1960（昭和35）年に江平～口羽間2.88kmの道床工事が再開され、翌1961（昭和36）年12月から４年振りに本工事が再開された。

ブラスバンドの演奏に迎えられ口羽駅に到着する式敷～口羽間開通の祝賀列車。先頭はキハ28 10。　　　　1963.6.30　口羽　P：佐竹保雄

6. 三江南線式敷～口羽間開通

　三江南線として開業した式敷から先、口羽までの延長工事は1957（昭和32）年に双三郡作木村を経て江平まで約11kmの道床工事を行っただけで、前述のように江の川の電源開発計画が浮上したため線路延長計画は棚上げとなり、一時ダムか鉄道か争われたが、ダム計画の取りやめが決まり、1960（昭和35）年から江平～口羽間の道床と橋梁工事が本格的に進められた。

　1962（昭和37）年12月18日には式敷～口羽間の新線で三次機関区の8620形蒸気機関車による路盤テストが行われた。翌1963（昭和38）年1月には一応の工事は完成したが、この冬は稀有の豪雪（「38〈サンパチ〉豪雪」と呼ばれ、多くの山岳遭難の発生など、これまで経験したことがない大雪を経験した）に見舞われたため、雪解けを待って開業設備工事を施工し、1963（昭和38）年6月20日の公式試運転を経て、6月30日には式敷～口羽間（13.7km）が開通、三江南線は三次～口羽間（28.4km）となり、式敷～口羽間1日4往復、三次～式敷間1日8往復の運転が開始された。

　なお、式敷～口羽間新線の工事概要では「線路種別：丙線、K.S.14、最急勾配1000分の16、曲線最少半径200m」となっている。

　この三江南線は国鉄の中でも、当時、全く異質の路線であった。地理的には沿線は山々が江の川に迫り、平地が少なく、沿線にこれといった大きな街は無く、人口も少なく、三次と尾関山を除いて全線28.4kmの全駅が無人駅で、駅間の運転専用電話もない。これまで国鉄が建設してきた路線は、無人駅はあったとしても、行き違い設備、信号機、運転専用電話、旅客貨物取扱等のための人員を配置した駅が適当に設置されているのが当たり前であった。しかし、口羽への延伸後も三江南線三次～口羽間で運転される列車は常に1列車のみで、途中で列車同士が行き違いということは全くなかった。式敷駅および口羽駅には行き違い設備ができていたものの、口羽までの開業時点では列車が使用する線路は常に1線のみとされ、分岐器は固定施錠されていた。

　なお、三江南線で唯一の職員配置駅（1名）であった尾関山駅も全通後の1985（昭和60）年2月1日から無人化された。

■

　三江南線で使用された小型レールバスのキハ02形は1962（昭和37）年頃になると、三次機関区に芸備線用も含めて8輌の新車、液体式気動車のキハ20形が配置され、三江南線の運用もキハ20形などと交代することとなった。従来のキハ02形は車体長10.17mだったのに対し、キハ20形は19.50mと大型になり、ボギー車で乗客定員も46人から82人と大幅に改善された。このキハ20形は浜田機関区の方が三次機関区より1年早く配置されており、三江北線でも活躍することとなった。

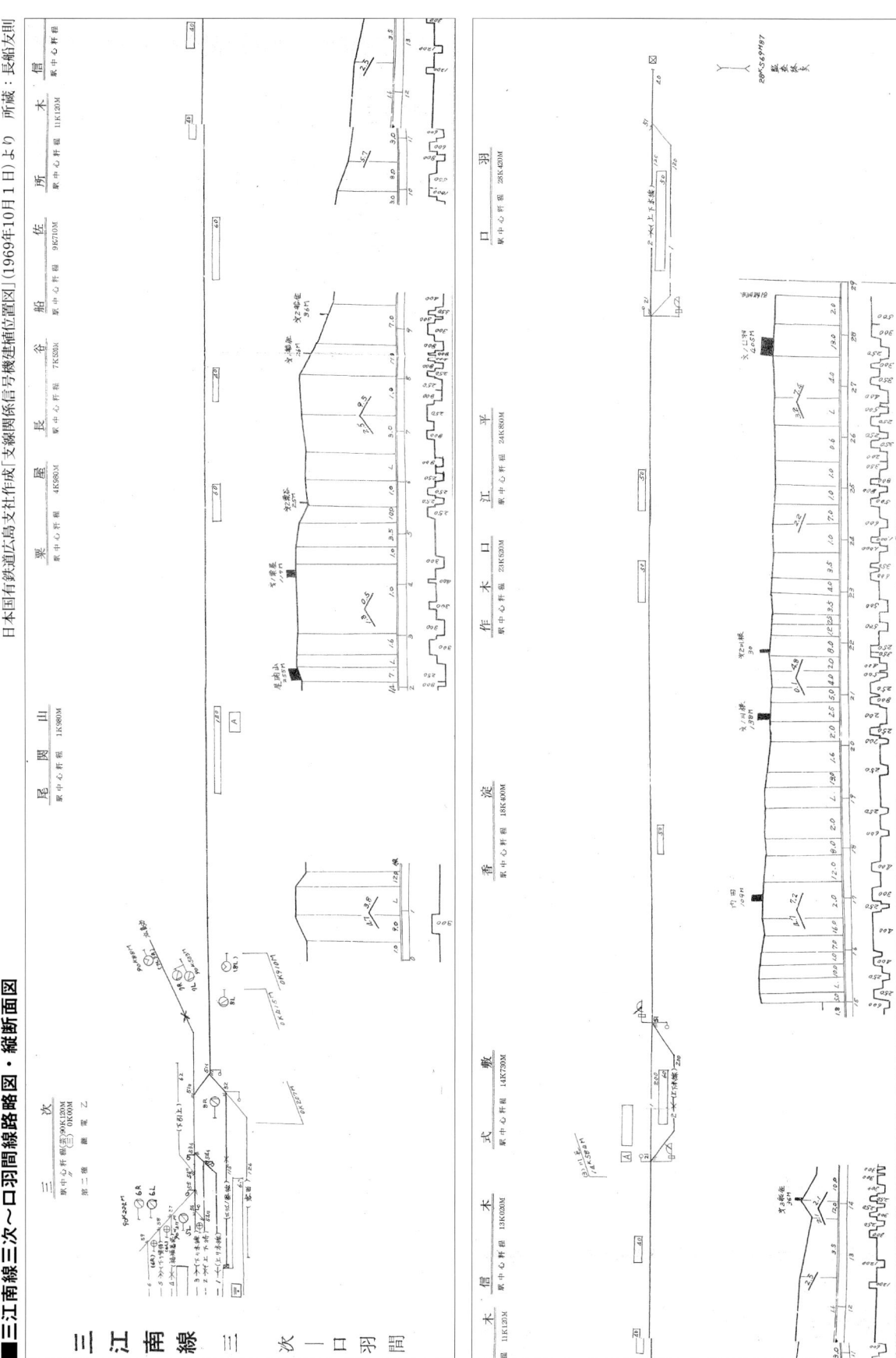

■三江南線三次～口羽間線路略図・縦断面図

GRAPH
昭和38年夏、三江南線

1963年8月27日　P：荻原二郎

▶運転台越しに見た尾関山駅。三次の市街地に近く、三江南線の駅では三次を除いて唯一職員が配置されていた。

▼この日の三江南線の運用はキハ11 107の単行。

▲船佐駅での乗降。　　　▼車窓から見た所木駅。

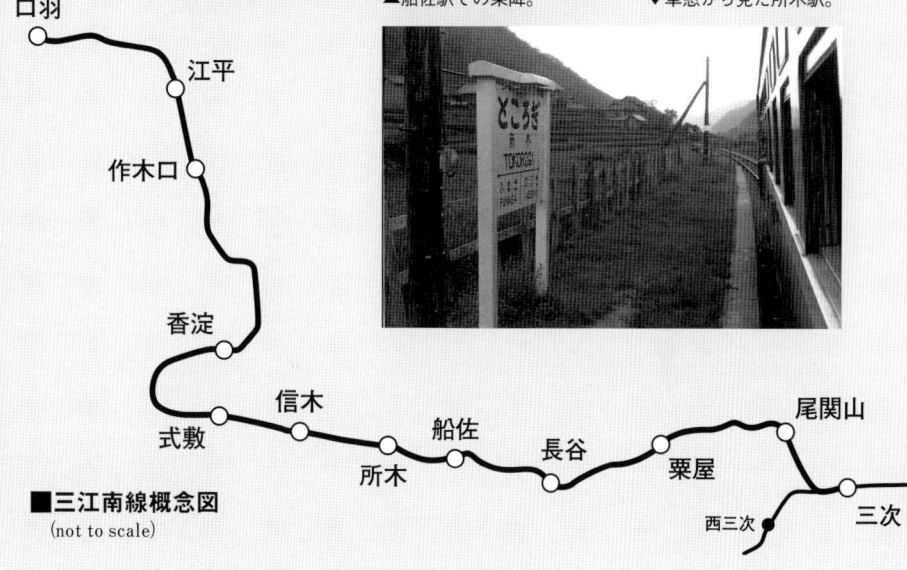

■三江南線概念図
(not to scale)

口羽　江平　作木口　香淀　式敷　信木　所木　船佐　長谷　粟屋　尾関山　西三次　三次

▲終着駅、口羽で折り返しを待つキハ11 107。開業からまだ2か月で施設はすべて真新しく、道床は浜原を目指すように伸びているように見える。暫定とは言え終点駅ながら職員配置はなく、貨物営業も行っていなかった。

▶香淀から式敷に向かう三次行きの列車の車窓から。前方にこれから渡る第3河愛川橋梁が見える。

column 三江線とレールバス

国鉄の車輌史において、「レールバス」ほど特異な車種もないだろう。その詳細は第7巻『国鉄レールバス その生涯』に詳しいが、三江線においてもその足跡を見ることができる。

本文にもある通り、三江南線においては開業直後こそキハ41500形が使用されたものの、まもなく三次機関区にキハ10000形3次車2輌（キハ10023・10024→キハ02 12・13）が新製配置され、活躍を開始した。国鉄レールバス全49輌の車歴を紐解くと、落成時の配置は名寄や標茶といった北海道の道東・道北各地がほとんどであり、例外はモデルケースとして木原

線（現・いすみ鉄道）に投入された第一陣の4輌（キハ10000～10003）のほか、九州の柚木線や幸袋線用として佐々区に配置された4輌、そしてこの三江南線用の2輌だけである。このことからも当時の三江南線が置かれた状況が伺いしれる。この2輌は終始三次区から離れることなく、口羽延伸の頃にはキハ20形などの液体式気動車に道を譲り、車籍上は1964（昭和39）年12月に廃車となっている。

一方の三江北線では旅客車としてではなく、郵便・荷物輸送に「レールバス」が使用された記録が残る。これは余剰気味となったレールバスを活用したもので、木次区に配置されていた2次車キハ01 55（←キハ

▲三江北線で運用中、浜原駅で折返しを待つキユニ01 1。郵便室のある前位側から見たところで、開いた扉から運転室と郵便室の間には仕切りが設けられていることが分かる。8ページの写真からもわかるように、この時は定期列車の後部に連結される形で運用されていた。
1963.8.27　浜原
P：荻原二郎

◀荷物室のある後位側から見たキユニ01 1。荷物車化改造につきものの大型扉の設置など車体の改造は行われていない。
1963.8.27　浜原
P：荻原二郎

三次駅０番線で停車するキハ02 12。キハ10023としての新製時に三次区に配置され、終始三次～式敷間の三江南線で活躍した。
1957.6.31　三次　P：久保　敏

10008)を1962(昭和37)年９月に後藤工場で改造した　りわけ異色の存在であった。浜田区に配置され三江北
キユ二01 1である。わずか10m余の車体の半室を郵便　線などで使用されたが、1967(昭和42)年１月に廃車、
室、もう半室を荷物室としたものであったが、改造は　郵便・荷物車としてわずか５年にも満たない生涯を閉
１輌のみに終わり、「レールバス」のなかにおいてもと　じている。　　　　　　　　　　　　　　　　（編集部）

機械式　２等　ディーゼル動車

番号　キハ　021～0217

形式 キハ 02
（旧形式 10000）

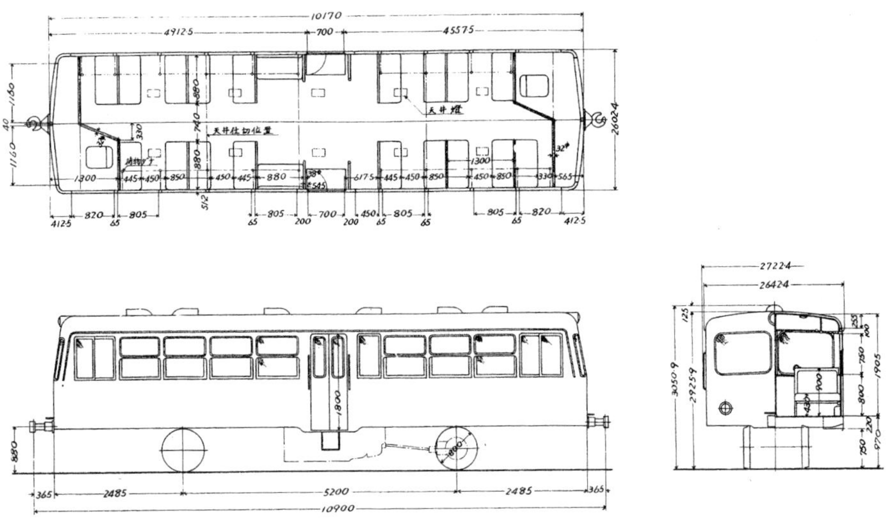

定　員	46人	機関形式	DS21	最高速度	70Km/h
座　席	40人	シリンダ数×内径×行程	6×105×135	製造所	東急
立　席	6人	標準出力　標準回転速度	60PS　1200r.p.m	製造初年	昭和30年
自　重	10.1～10.3t	動力伝達方式	歯車式	部品表番号	D
換算両数	積1.5 空1.0	ブレーキ装置	ドラム式SME	形式図番号	DD0602
台ワク形式		手ブレーキ	有		

キハ02 1～17(旧キハ10000形10012～28)形式図。このグループのうち、10012～22は北海道向けの寒地用、10023～28は三江南
線や九州向けの暖地用であったが、寒地用もキハ10200形(→キハ03形)の登場後、ほとんどが本州や九州・四国各地に転じた。

江の川の支流、八戸川を左手に見つつ江津を目指す上り貨物列車。
1974.2.23　田津一川戸　P：成田冬紀

三江線全通と同時に開業した宇都井駅。線形の関係から地上20mの高架線上に駅が造られた。　　　　1990.5.4　宇都井　P：長船友則

7. 全線開業に向けて
浜原〜口羽間工事着工

　これまで、陰陽連絡の鉄道は東に木次線、西に山口線があったものの、中間の浜田、江津と中国地方一の拠点都市である広島市を直接結ぶ鉄道は全くなく、それを解消する手段として、可部線の延伸区間にあたる今福線と三江線の敷設が切望されていた。

　可部線は横川〜三段峡間が開通し、山陰本線下府から今福までの路盤がほぼ完成していた今福線とを結ぶ工事が着工されていたが、1980（昭和55）年に建設工事は凍結され、陰陽連絡の夢は断たれた。その後、可部線は可部〜三段峡間が2003（平成15）年12月1日廃

潮駅。駅至近には温泉もあるが、観光地の玄関口という雰囲気ではない。　　　　　　　　　　1990.5.4　潮　P：長船友則

止されたが、2017（平成29）年3月4日に可部〜あき亀山間（1.6km）が広島都市圏の鉄道として電化復活されている。

　三江線については、1964（昭和39）年3月23日、日本鉄道建設公団の発足に伴い、同年4月22日基本計画により口羽〜浜原間が工事線に指示された。

　一方、三江線全通促進期成同盟会（会長藤田江津市長）では1965（昭和40）年4月11日、島根県邑智町浜原小学校で浜原〜口羽間着工祝賀会を開いた。この時の計画では中間駅は沢谷、潮、都賀行（後の石見松原）、都賀（後の石見都賀）、宇都井、伊賀和志の6駅で53か所の鉄橋、19か所のトンネルを建設し、この時点で総工費は約37億円が計画されていた。

　同年12月1日、運輸大臣から工事実施計画認可があり、1966（昭和41）年1月6日には路盤工事に着手した。

　浜原〜口羽間（29.6km）で最長の登矢丸トンネル（沢谷〜潮間で延長2801.8m）は1966（昭和41）年1月着工されたが、1967（昭和42）年4月3日坑口から2kmの地点で貫通、工事は順調に進められた。

　また、宇都井ー伊賀和志間に架かる全長243mの第3江川橋梁は高さ30mの高さに架かる鉄橋であるため、線路保守の作業員のため下部に幅0.6mの人道を計画したが、地元の住民から、どうせ人道を造るのであれば住民にも利用させてほしいという強い要望があり、最下部に幅1.2mの歩道が造られた。しかし、そ

支間138mで江の川をワンスパンで跨ぐ第2江川橋梁。　　　　　　　　　　　　　　1990.5.4　石見都賀－宇都井　P：長船友則

の後、近くに新しく道路橋が架けられたため、現在、鉄橋の歩道を住民は通行出来なくなっている。

　なお、この頃、1968（昭和43）年9月には国鉄財政再建推進会議（国鉄諮問委員会）が国鉄総裁に赤字ローカル線の廃止と代行バスの運行などを勧告したことか

ら、地域住民に大きな反発を引き起こした。

　そして着工から9年を経た1975（昭和50）年、3月10日に山陽新幹線が博多まで全通したこの年、三江線も早期の開業が望まれたが、ようやく6月26～28日の3日間に開業監査が行われ、特に27日は限界

第3江川橋梁（243m）。開業当初、トラス下部には地元住民の要請により歩道が設けられた。　　　　1990.5.4　伊賀和志－宇都井　P：長船友則

新線区間唯一の列車交換可能駅であった石見都賀駅。ただし、開業時のダイヤではCTCが未稼働であったため行き違い設備は使用されず、専ら右のホームが使用された。
1990.5.4　石見都賀
P：長船友則

測定車（おいらん列車）による試験が行われた。

　7月2日、米子鉄道管理局は新線名「三江線」、駅名「沢谷、潮、石見松原、石見都賀、宇都井、伊賀和志」、営業キロ程「浜原〜口羽間29.6km」「全線108.1km」とともに、三江線起点は「江津」、終点は「三次」、さらに伊賀和志までが米鉄局管内と発表した。

　7月7日から練習運転を開始、運行速度を決定し列車ダイヤ策定の資料とされた。

　周到な準備を重ねたうえ、1975（昭和50）年7月28日には、三江線の全通は8月31日（日曜日）と決定、浜原〜口羽間1日4往復、江津〜三次間を3時間18分結ぶことが決定された。

当地方は豪雪地帯でもあり、雪崩防止柵、防雪林等を設け、ポイントには融雪装置を取り付ける等雪害対策にも万全を期しており、又、踏切も極力これを少くし、警報機付踏切3箇所の外はすべて立体交差しております。

閉そく方式は単線自動閉そくとし、江津駅を制御駅とする列車集中制御方式（CTC）を採用して近代化と省力化をはかることにしております。

三江線（浜原・口羽間）の概要

■工事概要

　三江線は、大正11年の鉄道敷設法の全面改正以前に建設線として取り上げられ、陰陽連絡の主要線として早くから認められており、鉄道敷設法の附則第2項によって敷設するものとみなすとされたものであります。

　北線は大正15年江津方から工事に着手して逐次開業し、浜原までは昭和12年10月開通、一方南線は昭和11年に三次方から着工、戦時中一時工事中止となり、昭和28年工事再開、昭和38年6月、口羽まで開通しました。昭和39年3月日本鉄道建設公団発足に伴い、昭和39年4月基本計画により口羽・浜原間が工事線に指示され、昭和40年12月運輸大臣の認可をうけ、昭和41年1月工事に着手し、このたび開通（昭和50年8月31日）の運びとなったものであります。

　今回開通する区間は、既設浜原駅を出て、江の川の支流沢谷川に沿って東進しこの区間最大の登矢丸ずい道を抜けて江の川の右岸に出て江の川に沿い南進し、大和村都賀、作木村伊賀和志を経て、既設口羽駅に至る延長29.6kmの路線で途中江の川を三度横断（第2江川橋りようは支間140mで鉄道橋としては日本一）しております。　線路の最急勾配は1000分の18、曲線も一部は半径300mとした外は500m以上とし、列車速度の向上を図っております。

　橋りようは113箇所延長3,931m、トンネルは28箇所延長11,979mで新線の40%はトンネルになっており、又、随所に落石おおい型トンネルを設けて防災には特に配慮しております。軌道は40kgNレールとPC枕木を使用し、道床厚は20cmとしております。なお、長大トンネル区間は50kgNロングレールとしました。

■工事経過

大正11年4月11日	鉄道敷設法附則第2項
昭和27年4月28日	工事線
昭和39年3月23日	日本鉄道建設公団発足
昭和39年4月22日	基本計画により工事線に指示
昭和40年12月1日	工事実施計画認可
昭和41年1月6日	路盤工事着手
昭和50年8月30日	工事しゅん功
昭和50年8月31日	開　通

■工事費

総工費　　120億円

■主要工事

延　　長		29.6km
橋りよう延長	113箇所	3,931m
長大橋りよう	響谷橋りよう	354m
ずい道延長	28箇所	11,979m
最長ずい道	登矢丸ずい道	2,802m

■三江線全通の効果

　浜原・口羽間の開通によって、三江線江津・三次間108.1kmが全通し、陰陽連絡の主要線として果す役割は大きく、地域開発、住民福祉の向上は勿論、沿線には国立公園三瓶山をはじめ、数多くの温泉地を有し、観光開発にも寄与するものと期待されます。

全通時の鉄建公団パンフレットにみる浜原〜口羽間の概要。CTCによる省力化が説明されているが、実際のCTC稼働は全通から約2年半後の1978年3月になってからであった。
日本鉄道建設公団下関支社「三江線全通記念」より　所蔵：長船友則

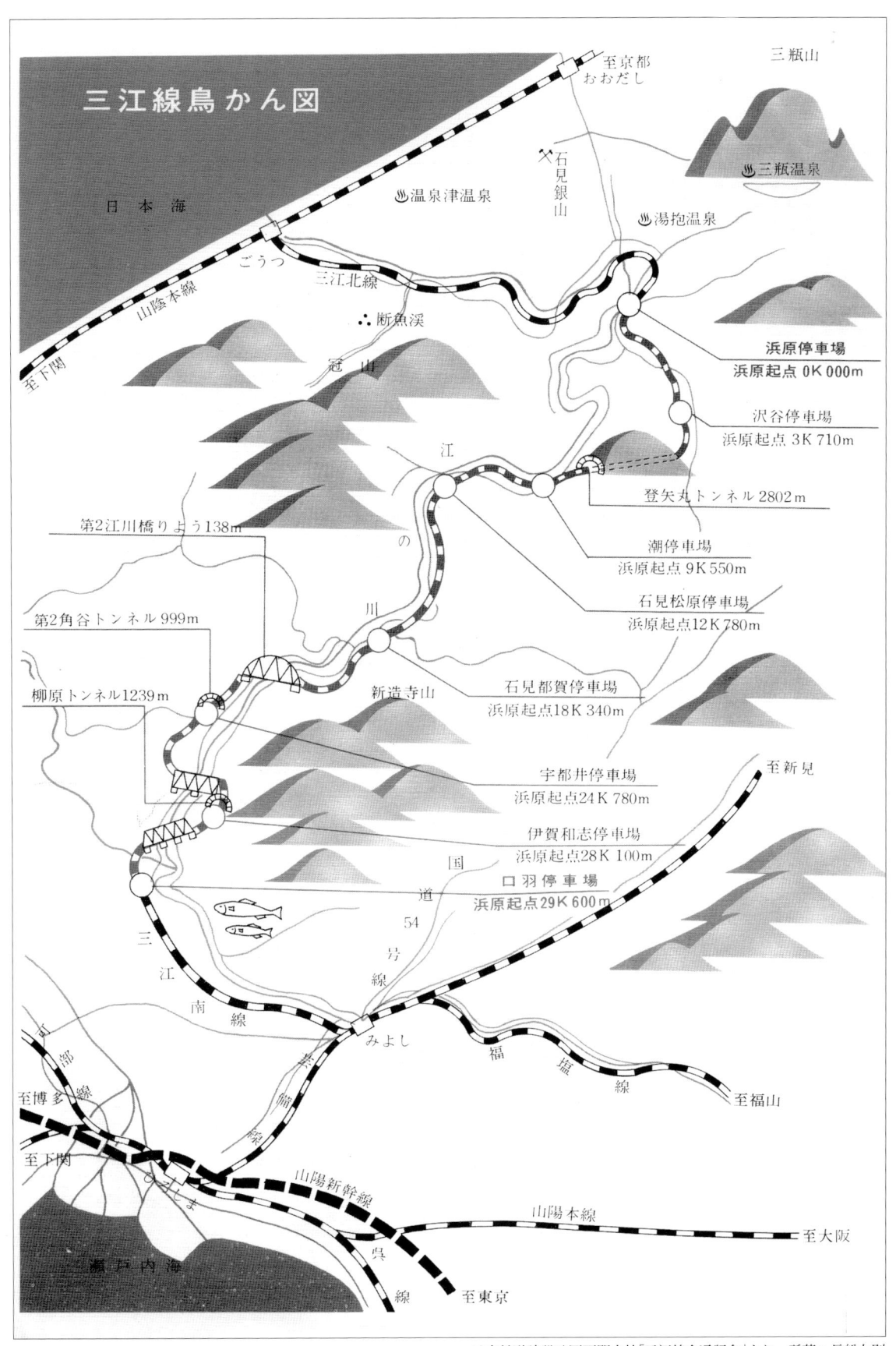

三江線鳥かん図

日本鉄道建設公団下関支社「三江線全通記念」より　所蔵：長船友則

27

8. 三江線全通一日の記録

　1975（昭和50）年8月31日（日曜日）の浜原〜口羽間
（29.6km）営業開始当時、鳥取市に住んでいた私は、
新線の初乗りを行うべく、前日、鳥取8時30分発の
急行「さんべ2号」に乗車、江津から三江北線に乗り、
浜原駅からタクシーで10数分の湯抱温泉に宿泊し
た。翌朝、浜原駅6時10分発口羽行の新線1番列車
に乗車するべく、5時40分に迎えに来たタクシーで
浜原駅に急いだ。

　駅に着くと、出札窓口には行列が出来ていたが、新
線区間を印刷した新しい乗車券は全く用意されておら
ず、浜原から口羽行は従来の150円の金額表示式と聞
いて皆ガッカリ。新線区間の初日付の乗車券を記念に
買い求めようとした人々には期待外れだった。米鉄局
では車内売り乗車券を除いて新線開通による乗車券は
全く用意しなかったようであった（後日、江津駅で聞
いたところ9月初旬になって潮ゆき常備券が配布され
た由）。

　私は1番列車に乗車するべく、口羽までの150円の
金額表示式の乗車券を買って早々にホームに出た。向
かいのホームには前部・後部に「祝 三江線全通 50・
8・31」と記した大きなヘッドマークを取り付けた
DC4輌編成がすでに据え付けられていた。

　この1番列車に浜原から乗り込んだのはファンを中
心とした約20名で、ほとんどの人は最前部の車輌に
乗車した様であった。私は列車の編成を調べる為、最
後部まで歩き車輌番号のメモを取り、最後部の車輌に
席を取った。この開業記念列車の編成は口羽方からキ
ハ17 290＋キハ26 401＋キハ25 45＋キハ16 88の4輌

編成である。乗車した最後部の車輌には米鉄局関係者
5〜6人を除いて乗客は私1人でガランとしていた。

　そのうち、車掌氏が近づいてきた。「浜原〜口羽間
の車内売りの乗車券を記念に欲しいのですが」と声を
掛けると、「No.1は既に出ておりますが」という。早
速はさみを入れていただくと、新線区間の入った新
しく印刷されたもので、「甲冊No.0001のNo.002」であっ
た。私の知る限り、この車内乗車券がこの開業時に準
備された唯一の乗車券だったと思われる。

　まもなく6時10分定刻、営業開始一番列車の341D
は静かに発車。ホームでは駅、米鉄局関係者十数人が
見送る中を列車はゆっくりとスピードを上げ始めた。
まだ早朝のせいもあり、地元民の見送りもなく静かな
出発である。駅を出ると間もなく新線では初めての浜
原トンネル（616.50m）に入り、続いて上川戸トンネル
（227.00m）を抜けると、新線はすでに江の川に別れを
告げ、その支流沢谷川を県道赤名線に沿って遡る。や
がて県道をオーバークロス、これまで右側を走ってい
た県道が左側となる。

　「父祖3代にわたる80年の悲願が実り、工費120億円
をかけた三江線は本日ここに全通の運びとなりまし
た。心からお慶びを申し上げます。次は沢谷です。沢
谷駅は旧沢谷村を駅名にしたものです。邑智町の花・
しゃくなげは付近の山々に自生し、天然記念物として
保護されております」と案内されると、もう沢谷駅で
ある。浜原からの駅間距離3.7kmでホームは左側であ
る。すでに朝の薄日がさしているホームには、まだ早
朝のためか数人の人影が見えるだけである。この無人
駅にも万国旗が飾られ、駅名表示板の周囲はモールで
飾られている。

◀▼341Dの車内で配布された浜田車掌区による記念スタンプと乗車記念券。記念券は名刺よりも大きなもので、裏面には浜原〜口羽間の時刻表が記載されている。

所蔵：長船友則

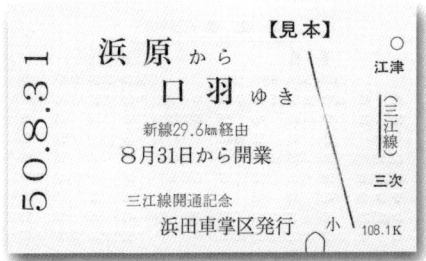

【見本】

50.8.31

浜原 から　口羽 ゆき

新線29.6km経由
8月31日から開業

三江線開通記念
浜田車掌区発行　小　108.1K

江津（三江線）三次

甲冊　No 0001　　　No 002

浜田車掌区乗務員発行

日付	1	2	3	4	5	6	7	8	9	10
	11	12	13	14	15	16	17	18	19	20
	21	22	23	24	25	26	27	28	29	30

発行日共有　4 3 2
小児　原券　片道　往復　買替　紛失　急行券　100kmまで／200kmまで／201km以上
普通　回数　　　　　　　　　　　円　手回り品

記事　経由（　　）

駅から	まで	駅から	まで	駅から	まで	領収額
東京都区内	五十猛		仙崎			なし
京都市内	仁万		幡生			10円
大阪市内	馬路		江津本町			20
尼崎	湯里		千金			30
神戸市内	温泉津		川平			40
岡山	石見福光		川戸			50
広島市内	黒松		川本			60
広島	浅利		石見川越			70
横川	江津		鹿賀			80
西広島	都野津		因原			90
小郡	敬川		石見川本			100
下関	波子		木路原			200
小倉	久代		竹			300
北九州市内	下府		乙原			400
福岡市内	浜田		石見簗瀬			500
鳥取	西浜田		明塚			1000
倉吉	周布		柏渕			2000
米子	折居		浜原			3000
安来	三保三隅		沢谷			4000
松江	岡見		潮			5000
玉造温泉	鎌手		石見松原			
宍道	石見津田		石見都賀		信木	
出雲市	益田		宇都井		所木	
大社	津和野		伊賀和志		口羽　船佐	
田儀	江崎		口羽		粟野	
波根	須佐		江平		尾関山	
久手	東萩		作木口		三次	
大田市	萩		香淀		塩町	
静間	長門市		式敷		備後庄原	

◎裏面の記載事項をお読みください。

341Dで購入した乗車券。この日開業した浜原〜口羽間が入ったものである。

所蔵：長船友則

　やがて発車、列車が動きだすと、ホームにただ1人残った国鉄職員が列車内の職員に向かって敬礼した。この日開業した新線の駅はすべて無人駅であるが、各駅にはこの日に限り、腕章を巻いた職員が各1名配置されたようである。

　列車が沢谷駅を出るとすぐ車内放送で「ただ今から乗車記念券と開業記念スタンプをお配りします」とのこと。後部運転席辺りに控えていた乗務員2人が大型封筒を持って近づいてきた。配布されたのは、観光案内のパンフレットのほか、白無地の用紙に印刷された名刺よりやや大きめのモギ切符、記念スタンプをついた紙片であった。これらは何れも浜田車掌区によって用意されたもので、車掌区の配慮に感謝する。

　これまで右手を流れていた沢谷川を渡り、警報機付の熊見踏切を通過すると、列車は沢谷川、県道と別れて右手に大きくカーブしながら山側に向かって進んで行く。やがて三江線中最長の登矢丸トンネル(2801.80m)に列車は吸い込まれる。すでにサミットを越えたのかスピードはグングン増し、ブレーキをかける音が身体に伝わってきた。長かったトンネルを抜け、続いて短い潮トンネル(106.00m)を抜けると、左に大きくカーブしながら、新線では初めて江の川沿いに出てくる。前方には江の川の広いゆったりした流れが朝日に反射してまぶしく光っていた。列車はそのまま川の上流に向かって進む。左側に出力36,000kWの潮発電所が見えてくると、まもなく潮駅である。車内放送で、駅前に潮温泉があり、それは水温19度の鉱泉で別名「権現さんの湯」と呼ばれ、神経痛やリューマチに効く

と云われていること、また付近には村営の水上ゴルフセンターもある旨案内される。沢谷から潮駅まで駅間5.8km、浜原から9.5km、ホームはやはり左側である。ホームには何の飾りつけもなく、人影は1名程度とさびしい。

　潮駅を発車すると列車は引き続いて江の川沿いに走る。やがて山は川岸までせまり、列車は川側に明かり窓の付いた落石覆いを次から次へと6か所もくぐり抜け、さらにトンネルを二つ抜けると、潮から駅間3.2km、浜原から12.7kmの石見松原駅だ。ホームはやはり左側で、ホーム上には、最前部の方に2〜3人の姿が見える程度である。列車は引き続いて江の川を右に見ながら快調に進む。新線区間の踏切は第1種、第3種合わせて3か所しかなく、あとは築堤又は一部コンクリート橋ですべて立体交差となっており、最高運転速度は時速85km、まさにミニ新幹線といった感じである。列車は高梨トンネル(543.50m)、長藤トンネル(273.00m)、鍵谷トンネル、さらに落石覆い2か

所、また下響谷トンネル、響谷トンネルと次から次へと闇を抜けると、右にカーブしながらコンクリート橋を渡る。続いて第1原トンネル、第2原トンネルを抜け、道路をオーバークロスすると長いコンクリート橋を右にカーブしながら渡る。まもなく石見都賀駅で、石見松原から駅間5.6km、浜原から18.3kmである。この駅は新線区間中で唯一の行き違い設備のあるところで、上下線の間にホームが1本あり、築堤上であるため線路を横断しなくても地上からトンネル式の階段を昇ればそのままホームに出られる構造となっている。列車はホームを左側にして停車した。さすがは大和村の中心地だけあり、ホームには十数人の客が待ってい

た、そのほとんどはこの列車に乗り込んだようである。例の今日限り配置されている国鉄職員が最後部の車輌まで近づいてきて、車内の米鉄局関係者に向かって「ここでは15名乗車しました」と報告していた。

　石見都賀を発車すると列車はしばらくコンクリート橋の上を走り、御須トンネルを抜ける。はるか前方で江の川は右に曲折し、線路も山と川に沿って大きく右にカーブを描いているのが見える。やがて列車は川に沿って右にカーブしながらコンクリート橋上を走り、短い後谷トンネルを抜けると、またかなリ長いコンクリート橋上を走る。間もなく大井谷トンネルを抜けると新線では初めて江の川を渡る第2江川橋梁である。

真新しい線路を行く全通初列車の口羽行341D、キハ16 88の車窓から。　　　　　　　　　1975.8.31　石見都賀−宇都井　P：長船友則

この橋は延長138m、橋脚なしのワンスパンで渡るもので、車内放送でもその旨が案内される。これまで右側を流れていた江の川を列車はごう音とともに渡る。三江線は江津を出るとすぐ江の川の左岸に沿って遡り、粕淵駅の手前で初めて江の川を渡るが、これが第1江川橋梁で、今回渡る第2江川橋梁は下流から2番目という訳である。

　橋梁を渡るとすぐ第1角谷トンネル、第2角谷トンネル(999m)、宇都井トンネル(549.0m)と、次から次へと闇の中を走る。その間、「皆さん、次は宇都井です。宇都井の地名がそのまま駅名となっています。山と山をつなぐ地上20mの橋梁の上に造られた高架駅

で、地上から駅まで6階建て、116段の階段を上る全国でも珍しい駅です」と、車内放送で案内される。列車はやがて宇都井駅に滑り込む。ホームは左側である。石見都賀から駅間6.4km、浜原から24.7kmのこの駅は山と山との間の高架駅で、はるか下に道路が走り、民家が散在しているのが見える。

　宇都井駅を発車するとすぐ下郷トンネルに吸い込まれる。すぐに「宇都井駅を発車しますと第3江川橋梁を渡ります。延長243mで、上下2重構造の珍しい橋梁であります。線路の下の段が人道となっており対岸の人々から喜ばれております」と案内があり、列車はトンネルを抜けると直ぐ橋梁に差しかかる。江の川が左から右手に変わる。

　橋梁を渡るとまたトンネルに入る。柳原トンネル(1,239m)である。次いで第1馬が峠トンネル、第2馬が峠トンネル、第3…、第4…、第5…と次から次へとトンネルをくぐる。三江線中、この辺りはほとんどトンネル、橋梁で占めている感じである。ちなみに今回開通の新線区間29.6km中、橋梁113か所、延べ3,931m、隧道28か所、延べ11,979mであり、橋梁、隧道の両方を合わせると新線区間の半分以上となり、それだけ工事費はかかっている。また、最急勾配は1,000分の18、曲線は一部を半径300mとした以外500m以上とされている。軌道は40kgNレールとPC枕木を使用し、道床厚は20cmとし、長大トンネル区間は50kgNロングレールが使用されるなど、高規格で列車速度の向上に配慮されている。しかも信号ケーブルはすべて埋設されており、踏切が少ないことを合わせて「ミニ新幹線」といわれる所以である。

　第5馬が峠トンネルを出ると、また落石覆いを抜ける。新線区間はトンネル以外に落石覆いが9か所も作られており、防災、安全にも最大限の努力が払われている。列車はやがて伊賀和志駅に到着。ホームは初めて右側である。宇都井から駅間3.4km、浜原から28.1kmのこの駅は、新線区間では唯一の広島県内の駅、広島県双三郡作木村大字伊賀和志が所在地である。しかし、次の口羽駅は島根県側であり、一時的に越境という訳である。まだ駅には1人しか人影は見られず、地元民の1番列車に対する関心は薄いようである。

　伊賀和志駅を発車するとトンネルを一つ抜け第4江川橋梁(230m)に差しかかる。川は左手になり、また島根県側に入る。次いで第2口羽トンネル(357.00m)を抜けるころ列車は徐々にスピードを落とし、旧三江南線の終着駅である口羽に近づく。列車はホームを左側にして停車した。伊賀和志から駅間1.5km、浜原か

三江線全通記念入場券。

所蔵：長船友則

ら29.6km、47分の行程である。

かつての終着駅口羽も無人駅で、1本の島式ホームに上屋が有る程度のさびしい駅である。左側の広場には本日の出発式に備えて天幕が張られ、椅子が沢山用意されているが、広場には人影1人もなく、ホームの上に数人の姿が見られた程度である。

ホームを隔てた反対側の線路は三次からの列車が折り返す行き止まりの線路が敷かれている。

7時定刻、三次からの3輌編成の列車2342Dが左側の線に入ってきた。口羽止めのため、ドッと客が降りてきて、向かいに停車する浜原行342Dに乗り込む。今回の開通によって新線区間に1日4往復の列車が設定されたが、これらは1往復が江津〜口羽間を直通するだけで、他3往復はすべて浜原〜口羽間の折り返し運転となっており、江津〜三次間では大体2回の乗換を要する不便さである。三次へ折り返して行く2341D

の編成は、三次寄りからキハ11 108＋キハ11 106＋キハ11 15である。

新線区間上り1番列車である342Dの発車時間が迫ってくる。また浜原へ引き返すため最前部（引き返すためさっきの最後部）に乗り込む。7時06分定刻、列車は浜原に向かって発車した。今度は三次からの乗り換え客を含めて100名程度となった。帰りも車内放送はさっきと同じように行われ、記念品の配布も行われた。石見都賀駅ではホームは右手で、口羽行の341Dと同じ線が使用された。列車は快調に走り、7時53分浜原駅に帰ってきた。

すでに駅及びその周辺、またホーム上は小旗を持った人波で一杯である。一番列車出発の時とは様変わりのにぎわいである。とにかく改札口を通り駅の外に出た。ちょうど新聞販売店の人が「祝三江線全通」という束になった団扇をバイクの荷台から降ろしているのを

浜原からの初列車341D（右／折り返し342D）が到着した口羽駅。左は三次からの2342D（折返し2341D）。三江南線口羽駅開業時には列車交換可能な状態とされていたが、この時点では車止めが設置されている。
1975.8.31 口羽
P：長船友則

祝賀列車343D、浜原駅でのテープカット。先頭はキハ17 290である。　　　　　　　　　　　　　　1975.8.31　浜原　P：長船友則

　見つけ1本いただき、もう一度、口羽行の乗車券を購入するとホームに出てみた。ホームの上はすでに小旗を持った人々であふれていた。

　祝賀列車である343Dの横、テープカットの行われる場所の前面のホーム上はすでに報道カメラマンの円陣が出来ており、線路の上もカメラを持った人々であふれている。

　やがて花束贈呈に続いて、テープカットが行われ、くす玉が割られた。同時に列車の前方、ホームが低くなっている所に整列、待機していた川本高校のブラスバンドが一斉に「鉄道唱歌」の演奏を始めた。そのうち浜田始発の323Dが、駅舎寄りのホームに入ってきた。この列車も新線区間には直通しない列車である。

　乗客は次から次へと祝賀列車の前を横切って乗換を始めた。早く乗らないと席が無くなるので、2輌目のキハ26 401（旧キロ）にかろうじて空いた席を一つ見付けて座る。乗車率は120％程度になっただろうか。発車時刻は刻々とせまる。私の斜め前の席には造花とリボンを付けた鉄建公団の関係者の一行が座っている。出発式の公式行事は、その後でも十分乗れるだけの時間的余裕を見て早めに完了していたので、関係者、報道陣はその殆どの人がこの祝賀列車に乗り込んだ筈であった。

　8時34分、列車は見送りの人達の打ち振る旗の波に送られて動き出した。目の前を人・人・人の顔が、

さざ波のような小旗が、ブラスバンドの学生が、そして「鉄道唱歌」の音楽が徐々に徐々に窓の外を流れて行く。まさに感激の一瞬である。各駅ではぼつぼつ地元民も増え、客も少しずつ各駅から乗車、車内通路にも客が増加してくる。そのうち通路の乗客をかき分けるようにして乗務員が記念カードとスタンプを配りに回ってきた。

　この日の開通を祝するような青空のもと列車は快調に進行、終着駅口羽に近づき最後の第2口羽トンネルを抜けると、もう目の前に口羽駅のホームが見えてくる。343Dは時刻通り46分の所要時間で9時20分に到着した。外を眺めていて私は思わず目を見はった。今朝ほど人っ子一人見えなかった駅前広場は小旗を持った人たちで溢れ、花やいだ雰囲気がみなぎっている。向かいのホームには一番列車の時と同じ編成の三次行のDC3輌（2343D）がすでに到着していた。

　列車が停止すると、帰りは最前部となる1輌目の前で行われる出発式を撮影するため下車する。ホームでは地元羽須美村長の挨拶につづいて出発式を待つばかりになる。浜原駅の出発式は米鉄局によって行われたが、ここ口羽駅では広鉄局の受持ちである。折返しの328Dは1日4本のうち唯一、江津直行の列車であり、私は江津まで乗車する予定なので、DCの扉近く、テープカットの関係者の直後に立っていた。前には報道陣のカメラマンが横に列をなして待機している。そ

口羽駅を発車する祝賀列車328Dを見送る人々。喜び、そして興奮が伝わって来るようだ。　　　　　　1975.8.31　口羽　P：長船友則

の後ろには仮装行列の一行と思われる人たちが「祝三江線全通　高橋昇三氏」とか「同　片岡金六氏」、「同　森脇村長」のプラカードを持って立っており、その中に駅長姿で肩に大きな「口羽駅長」と記したタスキをかけた人の姿も混じっている。口羽駅は開業当初から無人駅の筈であるが、この日は「三江線八十年の歩み」と題して地元民が明治・大正・昭和と３代にわたる開通陳情時の村の村長などの姿を仮装行列で再現したもので、地元民のこれまでの願望と苦難の歴史を表現したものである。

　発車時間は間近に迫り、ホームにはあまりに人が多いので、テープカットを見るのは諦めて１輌目の後部ドアから乗車した。間もなく沢山の人々が乗り込み、車内はすでに130～140％の乗車である。定刻の９時50分よりやや遅れてタイフォンと共に328Dはゆっくり動き始めた。ホームの上に詰めかけた人々の打ち振る旗の中を列車はホームを離れた。広場に集まった千数百人の人々の打ち振る旗と歓声の中を列車はスピードをあまり上げずゆっくり進む。列車はゆるく右にカーブ。沢山の人々の群れがゆっくり渦巻き状に回転しているように見える。人々のこの生き生きした顔、喜びの顔。そしてこの大きな喜びを身代中で表現している。感激はまさに最高潮に達した。私も当日の開通式に居合わせて、また祝賀列車に乗りに来て本当に良かったと思った。地元民の大きな喜びの表情を見るにつ

け、この喜びがまるで自分のことのように感じられた。列車が広場の端に差しかかった時、地元の秋祭りで行われる「樂」の一団が、花がさ、たすき掛けで舞いながらバチを打っていた。

　列車は人々の熱気を後にして、やがて第２口羽トンネルの闇の中に吸い込まれた。

　次の伊賀和志でも、ホームで乗務員に花束贈呈の祝賀行事が行われ、また宇都井ではホームで地元青年団のエレキギター、タンバリンなどの楽団がにぎやかに「鉄道唱歌」を演奏、石見都賀でも婦人子供達の演奏で迎えられるなど、華やいだ雰囲気の中を快調に走る。

　同時に各駅から粕淵の邑智中学校で行われる全通祝賀会に招待された人々が次々と乗り込んで来るので、列車は通路まで満員の状態となった。石見松原、潮でも花束贈呈が行われたようだったが、もう車内は満員で外ですら十分に見られない。

　沿線の各民家にはそれぞれ国旗が立てられ、一層祝賀もムードを盛り上げていた。沢谷駅では車内はすでに超満員で、車内の客に窓の外から中に詰めるように叫んでいるものの、ドアの辺りは文字通り立錐の余地もなく、都会のラッシュアワーなみの混雑である。そのためか記念券等の配布は行われなかった。

　328Dは各駅の祝賀行事等のため定刻より遅れて浜原駅に到着した。全通祝賀会会場は次の粕淵駅近くとなるため乗客は僅かしか降りなかったが、それでも車

内はかなり楽になった。ここから江津まで後部にDC
2輌を増結するため、後部の「祝 三江線全通」のヘッ
ドマークを駅の関係者が外して持ち運んでいるのが目
についた（前部はそのままヘッドマークをつけて江津
まで運転した模様）。間もなく後部に325Dとして江津
から来た2輌のDC（江津寄りから）キハ16 60＋キハ23
508が増結され、この328Dは6輌編成となる。次の粕
淵駅で全通祝賀会参加者がすべて下車、ようやく座席
に座れた。それでも車内は70％くらいの乗車率であ
る。粕淵駅を発車して第1江川橋梁を渡ると、列車は
江津まで江の川左岸に沿って下り、12時40分ほぼ定
刻に江津駅に到着した。
（以上の「三江線全通一日の記録」は鉄道友の会東中国
支部発行の会報「かもめ」第51号、1976〈昭和51〉年春
号に掲載された私の記事を一部要約補正した）

■

　この三江線全通により、江津～浜原間7往復、江津
～口羽間1往復、浜原～口羽間3往復、三次～口羽間
6往復と1日17往復の列車が設定（ほかに江津～石見
川本間の区間列車1往復）されたが、前述の通り既存
の区間から新線に乗り入れたのは江津～口羽間1往復

全通前日の粕淵駅。祝賀会はこの近くの邑智中学校で行われた。
1975.8.30　粕淵　P：長船友則

のみで、江津～三次間全線の直通運転は全くなく、依
然として口羽駅、浜原駅での乗換えを必要とした。な
お、浜原8時34分発～三次10時13分着の列車は時刻
表上では1本の列車として表示されていたが、口羽乗
換えと注意書きが添えられていた。

　また、開通式の日、石見都賀駅には行き違い設備が
有り、信号機も設置されていたにも関わらず、上下
列車ともホームの同じ線が使用されていた。

広鉄局による三江線全通時の時刻表。口羽駅ではすべての列車で乗り換えが必要であり、また浜原駅も直通列車は上下各1本のみであっ
た。なお、この時点では仮乗降場であった長谷（船佐－粟屋間）は掲載されていない。
所蔵：長船友則

9. 全通後の三江線

　三江線全通により、三江線の全長は山陰本線江津から芸備線三次まで108.1kmとなった。その路線は殆ど90％以上が江の川に沿う線路であり、江津から三次までの間、江の川を7回鉄橋で渡っている。島根県側は下流から粕淵駅手前の鉄橋が「第1江川橋梁」で始まり、口羽駅手前の鉄橋が「第4江川橋梁」とされている。

　一方、広島県側は、上流から尾関山駅先の「第1可愛川橋梁」から香淀駅北寄リの鉄橋が「第3可愛川橋梁」とされている。

　なお、三次～尾関山間で渡る橋梁は馬洗川に架かる橋梁で江の川ではない。

　浜原～口羽間の開通により、三江線の全線開通は実現したが、運転区間が三区間に分かれて利用者の不評を買っていた。米鉄局では、当初、全通と同時に新線区間に自動信号装置を設け、同時に既設の区間も同時に自動信号化し、列車集中制御装置（CTC）化により、江津～三次に直通列車を走らせる予定であった。しかし、旧線区間の工事の遅れから新旧区間が別々の信号系統のまま見切り開業したため、ほとんどの列車で浜原、口羽と2回も乗換を必要とする変則ダ

「乗って生かそう三江線」のスローガンが掲げられた昭和62年正月の浜原駅。　　　　　　1987.1.8　口羽　P：安藤　功

イヤとなってしまった。

　そこで、米鉄局では直通運転の前提となる自動信号化工事を急ぎ、1977（昭和52）年12月19日に「来年3月末から江津～三次間に一日5往復の直通列車を走らせる」と発表を行った。

　いよいよ1978（昭和53）年3月30日、江津駅を制御駅とするCTCセンターが設置されて全線CTC化が実現し、近代化と省力化が実現、下リ2本、上リ4本の列車が江津～三次間の直通運転となり、利便性が大幅に向上することとなった。

　この近代化の実現により山中を走るローカル線としては最高の出来となり、新しく快速便新設、芸備線急行への併結運転も望まれたが、それらは実現しなかった。

　1980（昭和55）年8月21日には都会の子供を自然豊かな山村を訪ねることを目的とした「わんぱく列車」が三江線口羽駅まで運転された。これは夏休みの一日を自然の中で遊んでもらうということで開催されたもので、岩国始発の4輌編成特別仕立ての列車で岩国、五日市、広島から300人の子供を乗せ、口羽で下車、羽須美村でアユのつかみ捕リ、神楽鑑賞などを楽しみ、夕方広島に帰ってくるコースで行われた。

粕淵駅での通標の授受。全通後も信号関係の整備が遅れたことから従来の閉塞方式がとられていたが、1978年のCTC稼働によりこの光景も見られなくなった。　　1975年　粕淵　P：原田康雄

口羽駅で行き交うキハ23 502とキハ40 2114。全通後も口羽駅で分断されていた三江線だが、1978年にはCTCが整備され全線直通運転が可能となった。　　　　1987.8.9　口羽　P：長船友則

鹿賀－因原間を行くキハ23形＋キハ20形の普通列車。　　　　　　　　　　　　　　　　1981.8.21　鹿賀－因原　P：寺澤秀樹

　また22日には呉始発で第二陣「わんぱく列車」も運転されている。

　その後、「わんぱく列車」は毎年運転され、1987（昭和62）年には7月21日から「87わんぱく列車」が運転されている。広島駅を8時34分、行き先はやはり口羽駅で、この年は8回目となり、334人の児童が参加した。「87わんぱく列車」の場合、三江線口羽の羽須美村行は7月22・24・25日、可部線の三段峡行は7月28・30・31日、岩日線錦町の山口県玖珂郡行は8月3・4・5日、と各方面に向けて運転されている。

　1982（昭和57）年9月13日には、くにびき国体のため島根県にご滞在3日目の皇太子ご夫妻が、邑智郡邑智町で開催されたカヌー競技をご観戦された後、粕淵から江津まで1時間半、三江線の各駅停車の気動車（6輌編成）にご乗車された。この列車には一般の乗客も乗車出来たため粕淵駅では約百人余りの乗客が行列したほか、各駅でも記念乗車が続き、ほぼ満席という状態で運転された。沿線でも日の丸の旗を振る姿が続き、皇太子ご夫妻も窓を開け、人波に手を振っておこたえになっていた。

　1987（昭和62）年の国鉄の分割民営化では、船佐－粟屋間の長谷仮乗降場（1969年4月25日開設）が駅に昇格した。待合室もあるが、現在のダイヤでも一部の列車しか停車しない。

　1989（平成元）年12月16日からはワンマン運転が開始された。1日上下25本の列車のうち、午前中上下

キハ26＋キハ23＋キハユニ
26の3輌編成の普通列車。
1981.8.21　川平
P：寺澤秀樹

◀全通後も江津〜浜原間の
みで運行されていた貨物列
車。全通直前には無煙化され
DD16形の牽引となっていた
が、1982年に廃止された。
1975.8.30　浜原
P：長船友則

▼1969年4月に仮乗降場と
して開設された長谷駅。国鉄
の民営化とともに駅となった
が、現在も停車するのは一部
の列車のみである。
1997.4.24　長谷
P：長船友則

各1本の2輌編成列車を除く23本の列車で、後ろ乗
リ前降りのワンマン運転を実施。そのため使用車輌に
は整理券発行機、車内監視ミラー、インターフォンの
設置などワンマン化の改造が行われた。

　1994（平成6）年には浜田鉄道部にキハ120形300番
代9輌（307〜315）が配置され、6月1日から三江線
でも運転を開始した。江津〜口羽間で最大20分、平
均で6分の時間短縮が図られ、全列車1輌での運転が
開始された。また、キハ120形の導入により完全冷房
化が実現した。

　1996（平成8）年3月から全列車のワンマン運転を開
始。また1999（平成11）年3月13日には川平、川戸、
因原、石見簗瀬の各駅の行き違い設備が撤去され、行
き違い設備のある駅は石見川本、浜原、石見都賀、口
羽、式敷の5駅となった。

　2001（平成13）年4月1日には、これまで三江線は
江津から伊賀和志までが米子支社管轄、口羽から三次
までが広島支社管轄とされていたのが、全線が米子支
社管轄となった。

　2004（平成16）年7月30日には、三次市では江の川

河川敷で花火大会が開催されたが、300m離れた三江
線馬洗川鉄橋上に列車を止め車内から花火大会を観覧
するという催しが行われた。この催しはJR西日本広
島支社に三次市観光協会が要請して実現したもので、
当日は広島駅を18時14分発の快速列車2輌に4輌を
増結、三次から三江線に入り、いったん口羽まで運転
して折り返し、馬洗川鉄橋上に約40分程度停車して
打ち上げ花火を見学するというもの。名物アユ弁当と
飲み物付で広島駅から往復、大人料金5,500円、300人
が募集された。

　この催しは2006（平成18）年7月28日に3回目の実
施が計画された。この時は初めてお座敷客車（5輌編
成）の使用が計画され、三江線内は前後に機関車を付
けて運転の予定であった。広島駅から大人料金6,800
円、募集人員180名となっていたものの、7月18日夜
からの大雨で、三次〜口羽間でも土砂崩れや倒木が7
か所あることが確認された。観覧場所の鉄橋は三次−
尾関山間であったが、列車は一旦口羽まで運転して折
り返さないとならないため、この年は実施は中止とな
ってしまった。

　2005（平成17）年3月末にはトイレ付に改造された
キハ120形が初めて三江線に導入された。

1989年から開始されたキハ40形によるワンマン運転。このキハ
40 2002は2001とともに三江線沿線の生物のイラストを配した
塗装となっていた。　　　　1990.5.4　石見松原−潮　P：長船友則

石見江津駅構内で入換え中のC56 106〔浜〕。スノープラウは山陰地区特有の中央部を開閉式としたもの。本機は1974年の廃車後、広島県府中市の国府児童公園で保存されている。
1970.2.15　石見江津　P：林　嶢

10. 蒸気機関車の運転

　三江線石見江津〜川戸間が開通した1930（昭和5）年4月20日。このころの列車牽引には、故藤井浩三氏の記録によると米子機関庫浜田分庫の500形蒸気機関車が使用されたのではと推定されている。次いで1070形が使用され、1934（昭和9）年10月11日から気動車キハ40000形の2輌も運転を開始し、蒸気機関車と共に活躍、1939（昭和14）年からC12形蒸気機関車が入線し使用されたが、1070形も1943（昭和18）年頃までいて姿を消したとされている。

　戦後もC12形5輌が使用されたが、1957（昭和32）年3月2日の時刻改正から浜田区に液体式ディーゼルカーが配置され、気動車は8往復となった。1959（昭和34）年にはC56形蒸気機関車が入線して一日一往復の貨物列車に使用されたが、1974（昭和49）年11月30日限りでDD16形ディーゼル機関車に交代、蒸気機関車は姿を消した。

　三江線で活躍したC56形は廃車後、その131号機が松江市の末次公園に展示、保存されている。

■

　蒸気機関車の運行終了から18年を経た1992（平成

4）年6月5日、島根、広島両県の沿線11市町村などで組織するSL運行実行委員会が島根県川本町役場で設立総会を開き、11月20日から蒸気機関車による列車を3日間運行することを決めた。

　運行する蒸気機関車は梅小路運転区から動態保存されているC56 160を借り受け、また浜田には蒸気機関車運転資格者がいないため山口鉄道部などから応援を受けることとなった。また蒸気機関車用の給水施設は浜田だけにしかなく、川本、口羽駅で地元の消防車により給水することとされた。

三江北線を走るC56の基地であった浜田機関区の煉瓦庫とC56 98。
1973.2.28　浜田　P：長船友則

39

久しぶりの蒸気機関車運行を控え、11月12日から
C56とディーゼル機関車の2輌で午前と午後の2回、
石見川本〜口羽間を往復して試運転が行われた。さら
に18日からは客車を牽いての試運転が行われた。

　いよいよ11月20日、「SL江の川号」は江津駅を午前
7時47分発、石見川本駅に8時52分着のダイヤで1
往復運転され、午後も江津〜石見川本間を1往復し
た。翌21日も同じダイヤで運転されたが、22日は江
津午前7時47分発、口羽11時31分着のダイヤで、1
往復が運転された。

　1996（平成8）年には10月5・6日の2日間、江津

〜口羽間に「SL江の川号」が運転された。12系客車5
輌をC56 160が牽引し、後部にはDE10 1159〔米〕が補
機として連結された。この時は口羽駅での折返しの
間、C56 160は江平寄リの鉄橋付近で消防車からの給
水が行われた。

　秋の「SL江の川号」の運転は、1992〜1998（平成4
〜10）年の7年にわたって各年の運転が計画された
が、ただ1994（平成6）年のみ車輌のやりくりがつか
なかったことから運転は行われなかった。

　なお、浜田駅の蒸気機関車用の煉瓦庫は1994（平成
6）年3月1〜8日にかけて解体撤去されている。

▶無煙化間近の三江北線貨物
列車。　　　　1974.2.23
上）川戸－川平／下）川戸
P：成田冬紀（2枚とも）

◀1992年から運転された秋
の「SL江の川号」。三江線と
しては三江北線時代以来、18年
ぶりの蒸気機関車運行であっ
た。　1992.11.21　川平－川戸
P：長船友則

▼第3江川橋梁を行く「SL江
の川号」（9436レ）。貨物列車
が運行されたことがない浜原
〜口羽間での蒸気機関車の運
転は開業以来初めてのことで
あった。　　　1992.11.22
宇都井－伊賀和志
P：長船友則

11. 江の川の３大水害と列車運休

三江線の最大の特徴は、全線がほぼ江の川に沿った路線ということであろう。江の川の源流は広島県の阿佐山（標高1218.3m、島根県境の山）に発し、以前は安芸高田辺りまでは「可愛川（えのかわ）」と俗称で呼ばれていた。1964（昭和39）年４月10日に新しく河川法が制定されたが、それまでは島根県側は「江川（ごうかわ）」、広島県側は「郷川（ごうかわ）」が正式名称とされていた。新しく河川法が制定されたことにより1966（昭和41）年４月１日、正式名称は「江の川（ごうのかわ）」と官報で告示されて現在に至っている。江の川は以前から「中国太郎」という異名を持ち、たびたび洪水を起こす川であった。

江の川と水害の歴史を調べてみると、三江線は近年３回の大洪水に遭遇し、長期間の運転休止期間を経験している。

（１）最大の洪水は1972（昭和47）年７月12日の大洪水で、当時三次市内に住んでいた知人から聞いた話によると、２階でベッドに寝ていて足をベッドから下ろしたら水に浸かって驚いたということで、このことが如何に大変な洪水だったかを物語っている。

三次市で72時間の雨量が425mmを記録した豪雨は７月12日午前３時過ぎに粕淵駅西150mに位置する第１江川橋梁（長さ169.23m）の橋脚５本のうち１本を残して流失させただけでなく、三江線南北両線の全線が不通となった。

三江南線は10月から開通はしたものの、30か所近い徐行区間があるため、変則ダイヤで５往復の運転が開始された。さらに11月１日からは変則ダイヤながら

石見築瀬駅の駅舎入口、軒下に取り付けられた1972年７月の洪水の水位。駅舎が天井近くまで水没したことを表している。
2017.4.8　Ｐ：長船友則

ら６往復の運転が再開されたが、定時ダイヤによる運転が復活したのは、翌春になった。

三江北線については、第１江川橋梁流出のため、橋梁架け替えに日数を必要とした。

当時、国鉄では懸命な復旧工事の結果、９月10日に江津から明塚まで復旧、運転を再開させたが、同時に明塚駅から2.22km粕淵寄リの位置に長さ20mのホームを造り、仮乗降場名を「野井」とし、江津〜野井間に８往復の列車を運転した。野井からは対岸の粕淵駅近くまで渡し船で連絡の便を図った。

一方、流失した第１江川橋梁については、新しい橋梁はトラス型で長さも216.56mと旧橋梁より河川幅の拡張に伴い47m長くなり、線路も１mかさ上げするとともに、下流側には1.5mの橋側歩道が付けられた。橋梁の復旧により明塚〜浜原間が開通し、２年５か月振リに三江北線が全通し、1974（昭和49）年12月29日から旅客列車の運転が再開された。翌1975（昭和50）年１月５日貨物列車も運転が開始された。

（２）2006（平成18）年７月18日夜からの豪雨で全線が不通となったが、同年12月15日には浜原〜三次間が復旧、運転が再開された。江津〜浜原間の復旧により、全線の運転が再開されたのは2007（平成19）年６月16日で、復旧に11か月を要した。

この豪雨災害による復旧費用は8.2億円となったが、その費用負担はJR2.2億円、島根県6.0億円となっていて、この他JRはバス、タクシー代行費1.7億

1972年７月の水害の際、川戸駅付近で立ち往生した三江北線の列車。この水害では全線復旧まで２年５か月を要した。
提供：国土交通省中国地方整備局

円を負担している。

（3）2013（平成25）年8月24日午前7時半ころ、島根県西部を襲った豪雨災害で大洪水により江の川支流濁川に架かる井原川橋梁の橋脚10本の内1本が流失、同日から三江線全線が不通となり、26日から代行輸送が開始された。この時集中豪雨では三江線のみならず山陰本線浜田〜江津間も不通となったが、これは9月25日に運転を再開している。

三江線は9月1日から浜原〜三次間が復旧、運転を再開したが、江津〜浜原間は依然として運休が続いていた。

当時、キハ120形気動車には既に車内トイレが設置されていたが、車輌の汚物処理施設は所属する浜田鉄道部に設置されており、車輌を浜田まで運転出来ないため、車内のトイレは使えなくなった。

このためJR西日本米子支社では緊急時には駅のトイレ利用を促し、発車時刻が過ぎても列車を待たせるなど柔軟な対応も採るよう努めたが、乗客から不満を訴える声が相次ぐ状態が続いていた。それまで米子支社では浜原〜三次間を最低限の2車輌で運行しており車輌に余裕がなかったが、この声を受けて広島支社と協議、3車輌体制として、うち1輌を三次から芸備線の列車に連結して広島まで回送し、下関総合車両所広島支所の汚物処理施設を利用することで解決し、同年11月9日から車内トイレ利用を再開することが出来た。

不通が続いていた江津〜浜原間については、翌2014

「浜原陸閘門」を通過する三江線全通40周年記念列車「江の川号」。三江線では江の川の洪水に備え、1979年以降、堤防の設置箇所など5か所に「陸閘門」が設けられた。洪水時には閘門が閉じられ、住宅地の浸水を防ぐ。
2015.8.30　粕淵−浜原　P：福間寿彦

5か所の陸閘門の中では最も新しい2013年設置の「川越陸閘門」。
2017.4.8　石見川越−鹿賀　P：長船友則

（平成26）年7月19日、約11か月振りに復旧し、全線が開通した。

この豪雨災害による復旧費用は11.2億円となったが、その費用負担はJR6.9億円、国2.3億円、島根県2.0億円となっている。

2016（平成28）年現在、三江線沿線で落石の危険のある箇所は合計59か所、距離にして約27kmあり、この区間では、万一落石が発生した場合でも安全に停車できるよう、時速30kmで徐行運転を実施しており、これが速度向上の阻害要因の一つとなっている。また、江の川の増水時に堤防と三江線の線路が交差する地点などからの水の流入を防ぐため、可動式の「陸閘門」が5か所（川平−川戸間：川戸第1陸閘門、石見川越−鹿賀間：川越陸閘門、因原−石見川本間：因原第2陸閘門・川本陸閘門、粕淵−浜原間：浜原陸閘門）に設置されている。

宇都井−伊賀和志間、第3江川橋梁付近を2台続行で行く三江線列車の代行タクシー。
2006.8.4　P：長船友則

12. 三江線廃止の動き

2010(平成22)年3月13日の時刻改正より三次駅で三江線に使用されていた0番線ホームが廃止され、三江線は3番線使用に変更された。

JR西日本米子支社の発表した2013(平成25)年4月1日～2015(平成27)年3月31日の2年度間の年間平均収支を以下のように発表している(ただし2013年8月～2014年7月の間は豪雨災害のため、一部区間運休、バス代行輸送実施を実施)。

運輸収入　　21百万円
営業費用　921百万円
営業損益　899百万円

なお、この数値は代替バスによる費用(約9千万円)は含まれているが、災害復旧費用は含まれていない。

最初にJR西日本から沿線自治体に三江線廃止の意向が示されたのは2015(平成27)年10月16日で、その内容は「三江線の厳しい現状に加えて、沿線地域の将来を考えると、利用者のニーズにより合致した持続可能な地域公共交通の構築に向けた検討に入りたい」と云うものであった。

私も2016(平成28)年2月1日、三次市で開かれた説明会に出席した。説明はJR西日本米子支社長ほか2名であったが、廃止という言葉を使うことは無く、専ら現在より利便性の優れた交通手段としてバスを利用する方法を提案。例えば路線バスでは人口の集中する町内であれば町中を巡回する、路線上であれば自宅の前でも乗車可能と云うような提案であったと記憶しているが、ただそのバスの運行主体に関する話は無かったように思う。

その後の会合等でJR西日本が三江線について、提起した問題点と、その理由は次のようなものであった。

①三江線は大量輸送機関としての鉄道に特性が発揮できていない。
②利用者の減少に歯止めがかかっていない。
③これまで大規模な自然災害が起こり、今後も災害発生のリスクが高い。

さらに、三江線を取り巻く状況として、沿線6市

三次駅に到着した451D。三江南線の開業以来使用されてきたこの0番線は2010年に廃止された。　　1996.3.8　P：長船友則

町人口の減少と高齢化、さらに65歳以上の高齢者も2020年をピークに減少が予想されるほか、三江線利用者数が1990(平成2)年から2010(平成22)年にかけて80%も減少している事実などが挙げられた。

またニーズ調査による交通分担率は自動車80.1%に対して、鉄道は7.8%という数値も挙げられている。

JR西日本が手を引いた場合の鉄道の運営方式について、収支シミュレーション(単年度当たり)を行った結果は次の通りであった。

①第三セクター方式
　鉄道事業者収支　　▲850百万円

②みなし上下分離方式
　(一畑電車の運営方式を適用してシミュレーション)
　鉄道事業者収支　　▲476百万円
　行政負担額　　　　374百万円

③上下分離方式
　(若桜鉄道の運営方式を適用してシミュレーション)
　鉄道事業者収支　　▲273百万円
　行政負担額　　　　577百万円

以上、いずれも鉄道事業者に多額の運行欠損が生じることと行政負担額も相当の額に上ることが分かる。

また現在、三江線には時速30kmで徐行運転を実施している箇所が多く存在している。防護網の設置等による落石対策を行えば、江津～三次間の所要時間を約40分短縮することが可能となるが、防護網の設置には約100億円の費用が掛かり実現は難しい。

その内容は別表の通りとなっている。

2016(平成28)年9月1日、広島、島根両県の沿線自治体の各首長が島根県美郷町で開かれた三江線改良利用促進期成同盟会の臨時総会で、JR西日本米子支社松岡俊宏支社長から2017(平成29)年秋を目途とする廃止の意向を伝えられた。

JR西日本は2016(平成28)年9月30日、JR西日本米子支社松岡俊宏支社長が広島市の中国運輸局を訪れ、

■徐行運転区間の概要

区間	駅間距離 キロ	徐行延長 キロ	概算工事費 (防護網工)	短縮時分
江津～石見川本	32.6	12.9	約48億円	約0.16
石見川本～浜原	17.5	5.8	約21億円	約0.06
浜原～口羽	29.6	0.7	約2億円	約0.05
口羽～三次	28.4	7.9	約29億円	約0.13
合計	108.1	27.3	約100億円	約0.40

船佐ー長谷間を行くキハ120 311の450D。

1999.7.26　船佐ー長谷　P：長船友則

三江線江津〜三次間（108.1km）について鉄道事業法に基づく廃止届を提出した。廃止の日は当初、1年後の9月末を予定していたが、代替バス路線の運行計画作りに向けて猶予を求めた沿線自治体に配慮して2018（平成30）年3月31日を最後に廃止されることになった。

　鉄道の廃止については、2000（平成12）年3月1日の鉄道事業法の改正により、鉄道の廃止は、これまでの許可制から届出制に変わり、地元市町長等の同意は必要なくなり、1年以上前に地域の運輸局に届出書を提出すれば廃止が可能になって、鉄道事業者の意志だけで廃止が容易にできる制度に変更されている。

　これまで国鉄、民営化後を通じて路線の廃止は、行き止まり線に多く、中国地方では宇品線、倉吉線、大社線、美祢線大嶺支線、可部線可部〜三段峡間（のちに可部〜あき亀山間が電化復活）が廃止され、また岩日線は錦川鉄道（株）、若桜線は若桜鉄道（株）として生き残り、現在でも路線を維持している。したがって、現在も中国地方の行き止まり線でJRとして路線を維持しているのは、小野田線や山陰本線のごく短小区間を除けば境線と可部線のみである。

　しかし、今回ついに江津〜三次間108.1kmに及ぶ長大な、そして両端に接続駅を持つ路線の廃止が打ち出された。

　三江線は全線の殆どが江の川沿いで、これまで洪水で不通となることが何度もあり、特に大洪水では、10億円を上回る損害と、2年にも及ぶ不通期間を経験している。今後とも沿線人口の減少に加えて、水害による巨額の損失、長期間の不通が予想されるなど、三江線は大きな問題点を抱えている路線であると言えよう。これらのことから、JR西日本では今後の災害による不通と巨額の損失を避けるため、早めに路線廃止という結論に達したと考えられる。

　2018（平成30）年4月1日で廃止される鉄道に代わるバス路線の新設については、現在JR三江線の代替交通確保調整協議会（地元協議会 事務局 中国運輸局）により真剣な検討が進められている。

江津駅構内に設置された三江線の0キロポスト。

1995.1.1　P：長船友則

■三江線年表

1930(昭和5)年1月1日	芸備鉄道(株)が現在の三次の位置に「十日市」駅新設。
1930(昭和5)年4月20日	三江線石見江津〜川戸間(13.9km)開通。中間に「川平」駅開設。
1931(昭和6)年5月20日	川戸〜石見川越間(8.4km)開通。
1933(昭和8)年2月24日	山陰本線全通。
6月1日	芸備鉄道(株)三次(現・西三次)〜備後庄原間、鉄道省に買収。「十日市」駅は「備後十日市」駅と改称。
11月15日	鉄道省備後十日市駅に広島機関庫十日市分庫開設。
1934(昭和9)年8月15日	省営自動車雲芸線出雲今市〜備後十日市(現・三次)間開通。
11月8日	石見川越〜石見川本間(10.3km)開通。中間に「因原」駅開設。石見江津〜石見川本間で気動車の運転開始。
1935(昭和10)年12月2日	石見川本〜石見簗瀬間(10.1km)開通。中間に「乙原」駅開設。
1937(昭和12)年10月20日	石見簗瀬〜浜原間(7.4km)開通。中間に「粕淵」駅開設。三江線延長50.1kmとなる。
1945(昭和20)年5月5日	後に船佐駅ができる位置付近に米軍機による空襲。川沿いに爆弾6個が投下され、そのうちの1個が住宅の敷地を直撃、7人が犠牲となった。現在の駅には「中国山地唯一の空襲被災の地」という案内板が立つ。
1949(昭和24)年11月15日	川戸−石見川越間に「田津」駅、石見川越−因原間に「鹿賀」駅新設。
1955(昭和30)年3月31日	三次〜式敷間(14.8km)開通、三江南線となる(旅客のみ)。中間に「尾関山」「粟屋」「船佐」の各駅開設。三江南線開通により、従前の三江線は三江北線と改称。南線の車輌はキハ41500形による営業。
1956(昭和31)年2月1日	三江南線にレールバス・キハ10000形運転開始。
7月10日	船佐−式敷間に「所木」「信木」の各駅を新設。
1958(昭和33)年7月14日	石見江津−川平間に「江津本町」「千金」の各駅を、石見川本−乙原間に「竹」駅を新設。
1962(昭和37)年1月1日	石見川本−竹間に「木路原」駅を新設。
1963(昭和38)年6月30日	三江南線式敷〜口羽間(13.7km)開通。中間に「香淀」「作木口」「江平」の各駅開設。
1967(昭和42)年4月1日	石見簗瀬−粕淵間に「明塚」駅を新設。
1969(昭和44)年4月25日	船佐−粟屋間に「長谷(ながたに)」仮乗降場を新設。
1970(昭和45)年6月1日	石見江津駅を「江津」駅に改称。
1972(昭和47)年7月12日	記録的大水害で三江北線粕淵の第一江川橋梁が流失したほか、石見川越、石見簗瀬などの駅も完全水没。南北両線とも全線不通に。
1972(昭和47)年9月10日	三江線明塚まで復旧。2.22km先に仮乗降場「野井」新設。対岸粕淵駅近くまで渡し船で連絡。
1974(昭和49)年11月30日	三江線、貨物列車の牽引機をC56形蒸気機関車からDD16形ディーゼル機関車に交代。
12月29日	三江北線の旅客列車、全線運転再開。翌年1月5日には貨物列車も再開。
1975(昭和50)年8月31日	三江北線浜原〜三江南線口羽間(29.6km)開通。中間に「沢谷」「潮」「石見松原」「石見都賀」「宇都井」「伊賀和志」の各駅開設。江津〜三次間(108.1km)全通により路線名は「三江線」となる。ただし直通運転は実施されず、浜原・口羽での乗換えが必要に。
1978(昭和53)年3月30日	それまで浜原・口羽での乗換を必要としていたのを下り2本、上り4本の江津〜三次間直通運転開始。同時に江津にCTCセンター設置、CTC化実施。
1982(昭和57)年9月13日	くにびき国体ご出席の皇太子ご夫妻が粕淵〜江津間普通列車にご乗車。
11月7日	江津〜浜原間貨物運輸営業廃止。
1985(昭和60)年2月1日	尾関山駅無人化、一部民間委託駅を除いて中間駅が全駅無人化。
1987(昭和62)年4月1日	国鉄分割民営化により西日本旅客鉄道(株)が承継。船佐〜粟屋間の長谷仮乗降場が駅に昇格。
1989(平成元)年12月16日	列車1日25本のうち、午前中上下各1本の2輌編成を除く23本をワンマン運転化。
1990(平成2)年6月	浜田鉄道部発足。
1992(平成4)年11月	20〜22日 江津〜石見川本・口羽間にC56160による「SL江の川号」運転。以後、1994(平成6)年をのぞき1998(平成10)年まで毎年秋に「SL江の川号」運転。
1994(平成6)年3月9日	浜田駅の蒸気機関車用煉瓦庫を解体撤去。
6月1日	キハ120形車輌使用開始。全列車1輌運転開始。
1996(平成8)年3月	全列車ワンマン運転開始。
1999(平成11)年3月13日	川平、川戸、因原、石見簗瀬の4駅の行き違い設備撤去。以後、列車交換可能駅は石見川本、浜原、石見都賀、口羽、式敷の5駅に。
2001(平成13)年4月1日	三江線全線が米子支社管轄に(従前は口羽〜三次間は広島支社管轄)。
2005(平成17)年3月末	トイレ付キハ120形1輌導入。
2006(平成18)年7月19日	未明の豪雨被害のため江津〜三次間の全線が不通に。
12月15日	浜原〜三次間復旧運転再開。
2007(平成19)年6月16日	江津〜浜原間復旧。11か月振りに全線運転再開。
7月	28・29日全線運転再開記念列車「SAIKAI号」江津〜三次間に運転。DE10+客車2輌+DE101159(→三次方)のプッシュプル運転。
2010(平成22)年3月13日	ダイヤ改正を機に三次駅0番ホームを廃止、3番線使用に。
2013(平成25)年8月24日	島根西部の記録的豪雨で川本町因原の井原川橋梁落橋、全線運休に。
9月1日	浜原〜三次間運転再開。
2014(平成26)年7月19日	江津〜浜原間復旧。11か月振りに全線運転再開。
2015(平成27)年2月28日	三次駅新駅舎供用開始。
10月16日	JR西日本、三江線廃止の意向を表明。
2016(平成28)年9月1日	JR西日本、三江線廃止を正式表明。
9月30日	JR西日本、三江線を2018(平成30)年3月31日限りで廃止の届出を中国運輸局へ提出。
2018(平成30)年4月1日	三江線江津〜三次間(108.1km)廃止(予定)。